BEI GRIN MACHT SICH IHR WISSEN BEZAHLT

- Wir veröffentlichen Ihre Hausarbeit,
  Bachelor- und Masterarbeit

- Ihr eigenes eBook und Buch -
  weltweit in allen wichtigen Shops

- Verdienen Sie an jedem Verkauf

Jetzt bei www.GRIN.com hochladen und kostenlos publizieren

Bibliografische Information der Deutschen Nationalbibliothek:

Die Deutsche Bibliothek verzeichnet diese Publikation in der Deutschen National-
bibliografie; detaillierte bibliografische Daten sind im Internet über http://dnb.d-
nb.de/ abrufbar.

Impressum:

Copyright © 2012 GRIN Verlag, Open Publishing GmbH
Druck und Bindung: Books on Demand GmbH, Norderstedt Germany
ISBN: 978-3-656-37964-5

Dieses Buch bei GRIN:

http://www.grin.com/de/e-book/205018/gesellschaftsspiele-in-verschiedenen-kultu-
ren-und-epochen

Malte Degener, Marco Lehmann

Gesellschaftsspiele in verschiedenen Kulturen und Epochen

GRIN Verlag

GRIN - Your knowledge has value

Der GRIN Verlag publiziert seit 1998 wissenschaftliche Arbeiten von Studenten, Hochschullehrern und anderen Akademikern als eBook und gedrucktes Buch. Die Verlagswebsite www.grin.com ist die ideale Plattform zur Veröffentlichung von Hausarbeiten, Abschlussarbeiten, wissenschaftlichen Aufsätzen, Dissertationen und Fachbüchern.

Besuchen Sie uns im Internet:

http://www.grin.com/

http://www.facebook.com/grincom

http://www.twitter.com/grin_com

<u>Seminararbeit im Fach Spieleentwicklung</u>

Teil 1 - "Ich bin Batman" - Ein Spiel

von Malte Degener und Marco Lehmann

Teil 2 - "Über die Historie von Gesellschaftsspielen und heutige Probleme im historischen Kontext"

von Malte Degener

Teil 3 - "Spielkultur in Deutschland und in schwarzafrikanischen Ländern"

von Marco Lehmann

Inhaltsverzeichnis

1. Einleitungstext

In unserer Seminararbeit gehen wir auf die drei Themen

Teil 1 - "Ich bin Batman" - Ein Spiel / erstellt von Malte Degener und Marco Lehmann

Teil 2 - "Über die Historie von Gesellschaftsspielen und heutige Probleme im historischen Kontext" / erstellt von Malte Degener

Teil 3 - "Spielkultur in Deutschland und in schwarzafrikanischen Ländern" / erstellt von Marco Lehmann

Zuerst stellen wir unser gemeinsam entwickeltes Spiel vor, das den Titel "Ich bin Batman" trägt. Danach gibt Malte Degener einen Überblick über die Entwicklung von Gesellschaftsspielen im historischen Kontext. Dabei geht er auch darauf ein, inwiefern sich aktuell bestehende Probleme wie zum Beispiel Sucht nach Gesellschaftsspielen auch schon früher auf die Menschen auswirkten, beziehungsweise ob es entsprechende Probleme überhaupt gab, früher.

Anschließend stellt Marco Lehmann die unterschiedlichen Spielkulturen Deutschlands und Schwarzafrika mit dem Ziel gegenüber, die Frage zu beantworten, ob der jeweilige Lebensstandart Auswirkungen auf das Spielverhalten von Menschen hat.

2. Spielvorstellung "Ich bin Batman"

2.1 Vorgeschichte zum Spiel

Du verharrst still und ohne Bewegung auf dem Dach des Wayne Towers. Die Nacht ist dunkel und Gotham City ist wie leer gefegt, kein Lebewesen würde sich zu dieser Zeit noch auf die Straßen trauen. Doch plötzlich heulen Motoren auf. Ein Lastwagen rutscht mit quietschenden Reifen um eine Kurve, hält vor einem Juwelierladen und aus dem Laster steigen fünf vermummte Männer. Einer von ihnen ist von riesenhafter Gestalt und trägt eine Maske vor dem Gesicht.- Bane!

Sofort erwachst du aus deiner Erstarrung und stürzt dich im freien Fall von dem Gebäude. Im letzten Moment breitest du die Flügel deines Batsuits aus und landest lautlos wenige Meter hinter Bane und seinen Komplizen, welche sich daran machen, die Alarmanlage des Juwelierladens auszuschalten. Als du gerade deinen Batarang zückst, um deinen Angriff zu starten, nimmst du dir gegenüber eine blitzschnelle Bewegung wahr. Im nächsten Augenblick liegen die Verbrecher bewusstlos auf dem Boden. Was war das? Deine Frage wird im nächsten Moment beantwortet und du erschrickst.
Denn die Gestalt, die aus dem Schatten tritt, bist du! Ein weiterer Batman!

Du guckst den anderen Batman an. "Ich bin Batman.", sagt er im gleichen Moment mit der gleichen tiefen Stimme und dem gleichen grimmigen Blick wie du. Und da es in deiner Natur als Batman liegt, kein Mann der großen Worte zu sein, schwingst du dich mit Hilfe deines Batclaws auf das nächstliegende Dach und verschwindest in der Nacht, grimmig entschlossen, das Verbrechen noch stärker als vorher zu bekämpfen, um ein für alle Mal zu beweisen, dass du der wahre Batman bist !

2.2 Die Idee hinter dem Spiel

Ich bin Batman ist ein Spiel, das für jeden geeignet sein sollte. Durch die eher komplexen Spielverlauf (vergleiche 2.3) können allerdings erst Spieler ab zwölf Jahren problemlos am Spiel teilnehmen und die Faszination von Hauptcharakter "Batman" erleben. Aber auch für ältere Menschen eignet sich dieser Titel hervorragend, da er durch seine direkte Konkurrenz und die Möglichkeiten zur Nutzung einer ausgeklügelten Taktik stets seinen Reiz beibehält. Des weiteren sollten Fans des Hauptcharakters "Batman" auf Grund der spannenden Geschichte gefallen an dem Spiel finden.

Die Idee zum Spiel entstand aus der beidseitigen Leidenschaften für die Batman-Filme und -Spiele der beiden Erfinder. So entwickelte sich aus der ursprünglichen Idee zum Spiel allmählich der Spielaufbau sowie das Regelwerk. Für ein eher komplexes Spiel mit entsprechend hoher Altersempfehlung entschieden wir uns auf Grund verschiedener Kriterien. Hauptsächlich liegt die höhere Altersempfehlung daran, dass Kinder unter zwölf Jahren eigentlich nur schwer Zugang zum Medium "Batman" haben. So hat der aktuellste Film der Batman-Trilogie, "The Dark Knight Rises", eine FSK-Freigabe ab zwölf Jahren bekommen (http://www.fsk.de). Das Spiel "Batman - Arkham City" ist sogar erst ab 16 Jahren erhältlich (http://www.usk.de). Entsprechend hätte eine niedrigere Altersempfehlung wenig Sinn gemacht.
Des weiteren hätte in diesem Fall das Regelwerk erheblich vereinfacht werden müssen, wodurch die taktischen Möglichkeiten im Spielverlauf eingeschränkt würden.

2.3 Spielinhalt

Im Spiel enthalten sind:

- Spielanleitung
- 8 Spielfiguren
- Spielbrett
- Würfel
- Kampfzonen-Karten
- Artefakt-Karten
- Eigenschaftskarten

2.4 Der Spielablauf

Zu Beginn des Spiels erhält jeder Spieler eine Spielfigur sowie zwei sogenannte "Kampfzonen"-Karten. Die Spielfiguren werden an dem Startpunkt aufgestellt, der dem Spieler zugewiesen wurde. Jede Spielfigur hat individuelle Eigenschaften wie eine höhere Zahl an Angriffspunkten oder mehr Verteidigung, die ihr in bestimmten Situationen Vorteile verschafft.

Die Kampfzonen-Karten werden zufällig zu Spielbeginn ausgeteilt. Eine Karte legt den sogenannten Angriffspunkt der Spielfigur fest. Auf diesem Punkt greift sie andere Spieler an, wenn ein Kampf eintritt. Ein jeder Charakter hat auch einen Schwachpunkt. Wenn er an dieser Stelle angegriffen wird, erhält er die doppelte Anzahl an Schadenspunkten.

Zu Kämpfen kommt es, wenn der eigene Charakter auf einen der vier Feinde - nicht aber auf einen Spieler - trifft, oder er es zum Kampf gegen den "Joker", den Endgegner des Spiels, geschafft hat. Wo die einzelnen Endgegner ihren Schwachpunkt und ihre Stärke haben, wird zu Spielbeginn ausgelost. Die vier Endgegner können zu einem beliebigen Zeitpunkt herausgefordert werden

Wichtig ist, dass man sich vor dem Kampf ausreichend ausrüstet und seine Spielfigur verbessert. Nur, wer sich an die Endgegner anpasst, kann diese auch besiegen. Hier wird der taktische Aspekt des Spiels deutlich.

Die Anpassung an den Endgegner läuft über Artefakte ab. Durch diese Artefakte kann man bestimmte Attribute wie den Schaden, den man Gegner zufügt, oder die Verteidigung bestimmen. Eine wichtige Möglichkeit ist es, seinen Angriffspunkt und/oder seine Schwachstelle zu verändern. Dies kostet allerdings zwei Artefakte, die sonst auch für die eigenen Werte verwendet werden können. Entsprechend muss der Spieler sich überlegen: Optimiere ich meine Zonen oder meine Spielfigur? Mit welcher Taktik man den spezifischen Endgegner besiegen kann, wird sich im Kampf zeigen. Zusätzlich erschwerend wirkt sich die Tatsache aus, dass ein Spieler lediglich vier Artefakte gleichzeitig ausrüsten kann.

Um Artefakte zu erhalten, muss man lediglich auf das Feld kommen, auf dem man Artefakte bekommen kann. Insgesamt gibt es vier dieser Felder, die gelb markiert sind. Außerdem gibt es vier Kampf-Felder, von denen aus die Kämpfe gegen die Endgegner starten kann.

3. "Über die Historie von Gesellschaftsspielen und heutige Probleme im historischen Kontext"

"Spiel ist älter als Kultur; denn so ungenügend der Begriff Kultur begrenzt sein mag, er setzt doch auf jeden Fall eine menschliche Gesellschaft voraus, und die Tiere haben nicht auf die Menschen gewartet, dass diese sie erst das Spielen lehrten", sagt Johan Huizinga in seinem Buch "Homo Ludens - Vom Ursprung der Kultur im Spiel". (Rowohlt Taschenbuch Verlag, April 2011. Herausgeber Burghard König). Damit trifft er es ziemlich genau: Gespielt wurde schon immer. Nicht nur in menschlichen Kulturen, auch im Tierreich. Entsprechend nahe liegt, dass auch in jeder 'menschlichen' Epoche gespielt wurde. In meiner Seminarfacharbeit möchte ich genau dies Herausstellen: Wurde früher gespielt, wenn ja, wie? Wie signifikant sind die Unterschiede zum heutigen Spielverhalten? Und vor allem: Sind heutige Probleme beim Spielen wie Sucht im Bereich von Glücks- und Computerspielen bereits früher ein Problem gewesen? Exemplarische stelle ich hierfür einzelne Epochen vor und beschreibe, wie in diesen Zeiten gespielt wurde.

Ich fange an im Antiken Rom. Gespielt wurde in der Antike häufig mit Gegenständen des Alltags: Steine oder Nüsse wurden für Spaß und Spiel genutzt (http://www.klassischearchaeologie.phil.uni-erlangen.de). Gespielt wurden simple Spiele wie das "Schräge-Ebenen-Spiel" (http://www.emabonn.de). Hierfür benötigt man eine schräge Ebene, zum Beispiel ein Holzbrett. Vor dieses Brett wird eine Nuss gelegt. Jeder Spieler lässt nun eine Nuss das Brett herunter rollen und versucht dabei, die Nuss am Boden zu treffen.
Ein weiteres Spiel ist das "Kastellspiel". Hierbei lässt jeder Spieler eine Nuss von oben auf ein zuvor aus drei Nüssen gebildetes Dreieck fallen. Bleibt die Nuss liegen, erhält der Spieler einen Punkt.

Diese Spielen waren vor allem bei römischen Kindern beliebt. Aber auch Erwachsene spielten im alten Rom. Ein bei Erwachsenen beliebtes Spiel war "Omilla". Hierbei kommt es vor allem auf Geschicklichkeit an: In einer festgelegten Entfernung wird ein Kreis in den Sand gezogen. Diesen Kreis versucht man mit einem Stein oder einer Nuss zu treffen. Der Spielgegenstand muss dann innerhalb dieses Kreises liegen bleiben. Gelingt dies, erhält der Spieler einen Punkt. Der Spieler mit den meisten Punkten gewinnt (http://www.labbe.de).

Auffällig bei allen genannten Spielen ist die Konkurrenz, die scheinbar bereits recht früh ein wichtiger Bestandteil der Spielekultur war. Konkurrenz ist etwas, dass auch heute bei praktisch allen Spielen von Bedeutung ist. Bei modernen Klassikern wie Monopoly oder Mensch Ärger dich nicht gibt es auch Konkurrenz zwischen den einzelnen Spielern.

Eine weitere, sehr bekannte Art des "Spiels" im Rom waren die Gladiatorenkämpfe (http://www.hhg-mettmann.de). Sie trieben die Konkurrenz quasi auf die Spitze: Im "Spiel" geht es um Leben und Tod. Wer stirbt, verliert. Die Gladiatoren waren allerdings meist nicht diejenigen, die Freude am Spiel hatten. Sie waren meistens Sklaven oder verurteilte Verbrecher (http://www.gymnasium-gernsheim.de). Wer sich am Spiel erfreute, war das Volk. Ihnen gefielen die Spiele, die jedesmal ein "Highlight" im antiken Rom waren und mehrere Tage andauerten. Die Spiele zur Eröffnung des Kolosseums dauerten sogar 100 Tage an.

Auch beliebt waren die Wagenrennen im Circus Maximus (http://www.fundus.org/). Hier trat ein Phänomen auf, dass auch heute noch bei den mit den Wagenrennen vergleichbaren Pferderennen zu erkennen ist: Es wurden Wetten abgeschlossen. Nicht nur reiche Leute setzten dabei auf den Wettstreiter, der ihrer Meinung nach am besten abschneiden würde. Auch arme Leute der Unterschicht setzten ihre Spenden auf einzelne Kandidaten und erhofften sich dadurch Reichtum. Mit dem Glücksspiel traten bereits damals Probleme auf: Spielsucht (http://www.planet-wissen.de). Diese ist auch heute noch ein Problem bei modernen Sportwetten, sei es auf Pferderennen oder auch im Bereich anderer Sportarten.

Finden wir hier ein permanent in der Geschichte vorhandenes Problem vor?

Ein kleiner Zeitsprung: Das Mittelalter. Haben auch im "dunklen Zeitalter" Erwachsene Spiele gespielt? Selbstverständlich! Im Mittelalter kamen bereits erste Brettspiele auf, wie zum Beispiel Schach oder Backgammon (http://www.leben-im-mittelalter.net/). Auch bei den Spielen im Mittelalter gab es Konkurrenzdruck. Dies scheint also tatsächlich ein allgemeingültiges Merkmal von Gesellschaftsspielen zu sein.

Und wie sieht es mit Sucht aus? Die Gefahr für die normale Bevölkerung, süchtig zu werden, war erheblich geringer als bei den omnipräsenten Glücksspielen im antiken Rom. Denn: Die meisten Glücksspielen mit entsprechenden Wetten und Geldeinsätzen, die gespielt wurden, waren dem Adel vorbehalten. Es war auch nur die Oberschicht, die über ausreichend Geld für exzessives Glücksspiel verfügte (http://www.gamblingplanet.eu). Es ist aber wahrscheinlich, dass es auch im Mittelalter vereinzelt zu Glücksspiel-Süchtigen gekommen ist, denn auch im kleinen Kreis wurde bei Würfelspielen oder vereinfachten Formen der römischen Gladiatorenkämpfe -meist gegen Tiere- um Geld gespielt.

Zwar ist auch eine Sucht nach Brettspielen oder sonstigen Gesellschaftsspielen denkbar, allerdings ebenfalls kein allgemeines Problem, von dem ein größerer Personenkreis betroffen war.

Im 19. Jahrhundert nahm die Begeisterung für Gesellschaftsspiele zusehends ab. Das Bürgertum hatte "Vorbehalte gegenüber dem "nutzlosen" Zeitvertreib des Spiels" (S. 9 Dorothea Kühme, Bürger und Spiel: Gesellschaftsspiele im deutschen Bürgertum zwischen 1750 und 1850. E-Book, Campus Verlag). Man bevorzugte kulturell wertvollere Beschäftigungen wie das Theater oder Musik. Was in dieser Zeit aber wieder stärker Zunahm, war das Risiko der Spielsucht. 1861 eröffnete in Monte Carlo das erste Casino der Welt (http://www.casinospielen.de). Durch Casinos verschärfte sich vermutlich die Situation der Spielsucht enorm, da an diesen Orten jeder Mensch mit Geld dieses auch verwetten konnte. Genauso wie heute lockten die Gewinne - genau der Baustein, der auch im antiken Rom die Spielsucht förderte, von der eben auch der "kleine Mann" betroffen war, der seine Spende in der Hoffnung auf Reichtum am Circus Maximus verspielte. Gleiche Muster also - und das trotz über 1,000 Jahren Zeitunterschied. Es scheint also tatsächlich eine allgemeine Suchtgefahr von Spielen auszugehen - eher weniger von Gesellschaftsspielen, aber auf jeden Fall von Glücksspielen.

Und wie ist es in der heutigen Zeit? Gespielt wird viel. Gesellschaftsspiele sind sehr beliebt - wenn auch eher in Familien. Durch den technologischen Fortschritt hat sich die Videospiel-Industrie zu einer Wirtschaftsmacht mit einem Umsatz von 56 Milliarden Dollar alleine im Jahr 2011 (http://www.pressetext.com). Computerspiel-Sucht ist ein häufig diskutiertes Problem.

Auch das Glücksspiel wurde durch das Internet revolutioniert, die Gefahr, der Spielsucht zu verfallen, sind erheblich gestiegen. Durch den erhöhten Wohlstand haben auch mehr Menschen die Möglichkeit, auf Glücksspiele zuzugreifen.

Interessant ist aber, dass es dennoch die gleichen Auslöser für eine Glücksspiel-Sucht sind. Menschen erhoffen sich durch die Teilnahme an Gewinnspielen, durch Lotto oder auch durch (Online)-Casinos Reichtum. Das schnelle Geld lockt viele. Den eigenen Lebensstandard durch eine Finanzspritze erhöhen, um so zu werden wie "die Reichen da oben". Das war im antiken Rom so. Das war im 19. Jahrhundert so. Und hätte der einfache Bauer im Mittelalter etwas Geld und die Möglichkeit zum Glücksspiel gehabt, so hätte auch er sein Geld auf die Chance gesetzt, reich zu werden.

Was auffällt: In der heutigen Welt ist die Sucht breiter gefächert. Menschen können auf Wege süchtig werden, die früher auch technisch gar nicht möglich gewesen wären. Aber die Risiken, die das Spiel als "Begleiterscheinung" hat, sind auch gleich geblieben. Lediglich das Wesen des Spiels wandelte sich.. Von einfachsten Spielen im antiken Rom über fast "spiellose" Zeiten im 19. Jahrhundert bishin zu modernen Videospielen fächern sich Gesellschaftsspiele breit in der Weltgeschichte.

4. "Spielekultur in Deutschland und in schwarzafrikanischen Ländern"

In meiner Seminarfacharbeit "Spielekultur in Deutschland und in schwarzafrikanischen Ländern" im Rahmen des Seminarfaches Spieleentwicklung möchte ich die Spielkulturen von Deutschland und von schwarzafrikanischen Ländern vorstellen und ihre Bedeutung für die jeweiligen Gesellschaften untersuchen. Außerdem möchte ich diese Bedeutung in den verschiedenen Nationen vergleichen.

Ich habe dieses Thema für meine Seminarfacharbeit aufgrund meines Interesses für andere Länder und deren Gesellschaft, insbesondere jene von armen Ländern, gewählt. Die Unterschiedlichkeit der Kulturen fand ich schon immer faszinierend und da Kulturen sich zum Teil durch Spiele definieren, bot sich diese Thematik für mich an. Deutschland und schwarzafrikanische Nationen möchte ich deshalb vorstellen, weil ich dem Vergleich zwischen reichen und armen Ländern besondere Wichtigkeit beimessen möchte und Deutschland eben ein sehr reiches Land und die meisten schwarzafrikanischen Länder sehr arm sind. Diesen Vergleich möchte ich auch deshalb vollziehen, da es mich interessiert, ob eine Steigerung des Wohlstands Auswirkungen auf das Spielverhalten der Menschen hat.

Als erstes möchte ich die Gesellschaftsspielkultur Deutschlands vorstellen und deren Bedeutung für die Gesellschaft und für einzelne Menschen herausfinden und darlegen. Gesellschaftsspiele erfreuen sich in Deutschland sehr hoher Popularität. Zwar werden auch in Deutschland aufgrund neuer Unterhaltungsmedien wie Computer- und Konsolenspielen immer weniger klassische Brett- oder Kartenspiele gespielt, jedoch sind sie im Vergleich zu anderen Ländern immer noch sehr beliebt. Dies hängt nicht zuletzt mit der hohen Qualität der deutschen Spiele zusammen. Denn Deutschland ist Heimat weltweit führender Spieleverlage, wie z.B. von "Ravensburger" oder des "Schmidt Spiele" Verlags (http://de.wikipedia.org/wiki/Kategorie:Spieleverlag_(Deutschland)). Vor allem der 1883 gegründete Verlag "Ravensburger" genießt internationale Anerkennung, da er die "Spiel des Jahres" Auszeichnung, welche seit 1979 verliehen wird, bis heute bereits zehnmal gewonnen hat. Außerdem brachte er Spieleklassiker wie Memory und Scotland Yard hervor, welche weltweit millionenfach verkauft wurden (http://de.wikipedia.org/wiki/Ravensburger). Ein weiterer Beleg für die Qualität deutscher Brett- und Kartenspiele ist die Rangliste der erfolgreichsten Spieleautoren: Sechs von zehn Plätze auf dieser Rangliste werden von Deutschen Autoren belegt (http://de.wikipedia.org/wiki/Spieleautor). Doch nicht nur aufgrund dieser großen Verlage, bekannter Spieleklassiker und berühmter Autoren sind deutsche Spiele so beliebt. Auch die allgemeine Spielweise von deutschen Gesellschaftsspielen steht in vielen Ländern für Spielspaß und gute Unterhaltung. Deutsche Spiele zeichnen sich in den meisten Fällen dadurch aus, dass sie aufgrund von unkomplizierten Regeln für jedermann leicht verständlich sind und dass sie von relativ kurzer Dauer sind. Besonders in den USA werden diese Merkmale geschätzt, viele Amerikaner nennen solche Spiele deshalb sogar automatisch "German Board Games", ganz gleich, ob sie aus Deutschland kommen oder nicht. Außerdem ist Gewalt sehr selten ein Bestandstück deutscher Spiele, Konflikte unter den Spielenden, sowie frühes Ausscheiden einzelner Spieler sollen möglichst verhindert werden. (http://www.fplusd.org/kultur-und-alltagsleben/sport-lebensart-und-reisen/spielstrasse-di e-kauf-ich-die-beliebtheit-von-gesellschaftsspielen-ist-kein-kind-des-zufalls/) Die Bedeutung von Gesellschaftsspielen in Deutschland ist für die Menschen enorm hoch. In einem Land voller Leistungsdruck, ständiger Hektik und Erreichbarkeit, in einem Land, in dem die zwischenmenschliche Kommunikation aufgrund immer stärkerer Medienpräsenz seltener und gestörter wird, ist das Spielen ein geeigneter Weg, um die Menschen zur Ruhe kommen zu lassen und sich wieder richtig miteinander zu beschäftigen. Laut Spiele-Erfinder Reiner Knizia verbinden Spiele, sie lassen verschiedene Generationen zusammenkommen und stärken die Toleranz. (http://www.skg-forum.de/veroeffentlichungen/veroeffentlichung304.htm). Außerdem haben Gesellschaftsspiele eine große Bedeutung für die frühkindliche Entwicklung. Kinder lernen spielend essentielle Werte und Fähigkeiten für das echte Lebens, wie z.b. verlieren können oder Zusammenhänge zu erschließen. (http://www.kindergartenpaedagogik.de/1610.html). Ich denke, dass besonders die typische deutsche Spielart, ohne Gewalt und mit kurzer Dauer, wertvoll und prägend für Kinder und somit für unsere gesamte Gesellschaft sind.

Brettspiele werden hierzulande jedoch nicht nur im kleinen Kreis der Familie oder der Freunde gespielt, sonder auch auf großen Turnieren als ernstzunehmendes Hobby. Das größte Turnier ist die "Deutsche Mannschaftsmeisterschaft im Brettspiel", welche seit 1984 jährlich ausgetragen wird (http://de.wikipedia.org/wiki/Deutsche_Mannschaftsmeisterschaft_im_Brettspiel). Der hohe Stellenwert spiegelt sich auch in den Ausgaben der Deutschen wieder, im Jahr 2007 gaben sie insgesamt 430 Millionen Euro für Spiele und Puzzles aus. Nirgendwo auf der Welt wird mehr Geld für diese Güter ausgegeben (http://www.skg-forum.de/veroeffentlichungen/veroeffentlichung304.htm).

Als zweites möchte ich die schwarzafrikanische Spielkultur vorstellen. Dabei möchte ich weniger auf Spieleverlage und berühmte Autoren, als vielmehr auf die Bedeutung des allgemeinen Spiels für die Bevölkerung eingehen.

Gesellschaftsspiele sind in diesen schwarzafrikanischen Ländern sehr schwach verbreitet. Dies hat mehrere Gründe, zum einen, dass es wenige eigene Verlage oder Spielautoren gibt, welche Spiele entwickeln und zum anderen, dass im Ausland entwickelte Spiele nicht in die jeweilige Nationalsprache übersetzt werden (http://www.spiele-offensive.de/Forum/Brett-Spielekultur-in-anderen-Laendern-589-0.html). Ein weiterer Grund ist, dass die Menschen dieser Länder in den meisten Fällen extrem arm sind und sich teure Brett- oder Kartenspiele nicht leisten können. Das verbreiteste Gesellschaftsspiel Afrikas ist "Kalahara", welches als Brettspiel erworben werden kann, in diesen Ländern jedoch oft aufgrund des fehlenden Geldes einfach auf dem Boden im Sand gespielt wird. Dies ist ohnehin die Devise von Spielen in armen

Regionen wie Afrika: schlicht und simpel. Die Spielkultur wird größtenteils durch einfache Spiele wie Verstecken und Fußball geprägt, also Spiele, für die man keine oder fast keine Hilfsmittel braucht und welche unter freiem Himmel gespielt werden können. Spielzeuge werden nicht fertig gekauft, sondern selbst aus Altmetallen oder Stöckern gebaut (http://www.weltinderschule.uni-bremen.de/kamerun2.htm). Der Grund, dass die Spielkultur größtenteils durch Spiele unter freien Himmel gebildet wird, liegt außerdem an dem extrem warmen Klima in diesen Ländern, welches die Menschen allgemein aus ihren Häusern zieht. Trotz dieses kleineren Angebots an Brett- und Kartenspielen und dem vermeintlich "schlechteren" Spielzeug, ist das Spielen für afrikanische Kinder von enormer Bedeutung. Es gibt ihnen ein Stück Normalität in einer Welt voller Hunger und Armut und lässt sie so für eine kurze Zeit aus dieser Welt entfliehen. Anders ist dies für die Erwachsenen. Sie haben oft keine Zeit für richtige Freizeit, da sie den ganzen Tag arbeiten müssen, um ihre Familie versorgen zu können. Jedoch zeigt sich, dass der Wille und die Lust zu Gesellschaftsspielen weiterhin gegeben ist, da unter älteren Menschen, welche arbeitsunfähig sind, das bereits genannte Spiel "Kalahara" wieder relativ verbreitet ist (http://mineau67.blog.de/2012/11/11/afrikanische-gesellschafsspiele-allgemeine-gesellschaft-15191838/).

Nun möchte ich die Ergebnisse meiner Untersuchung zur Bedeutung und Verbreitung von Spielen in Deutschland und ich Schwarzafrika miteinander vergleichen und eine Antwort auf die Frage finden, ob die verschiedenen Lebensumstände Auswirkungen auf das Spielverhalten der Menschen haben.
Der erste große Unterschied, welcher beim Vergleich auffällt ist, dass Deutschland eine sehr viel größere Spielkultur als die afrikanischen Länder aufzuweisen hat. Gründe hierfür liegen meiner Meinung nach größtenteils in der stärkeren Spieleindustrie Deutschlands, als auch in der ausgeprägteren Konsumkraft und Konsumbereitschaft der Deutschen. Ein weiterer Grund, dass vor allem Brett- und Kartenspiele in Deutschland verbreiteter als in Afrika sind, ist das Klima. Allgemein ist es typisch, dass

in nördlicheren, also relativ kalten Gebieten, diese Spiele mehr gespielt werden. Das hängt damit zusammen, dass sich das afrikanische Leben aufgrund des warmen Klimas fast nur außerhalb von Häusern abspielt und so eher Spiele wie Fußball oder Verstecken bevorzugt werden.

Außerdem ist auffällig, dass in Afrika keine offiziellen Spieleturniere gibt. Hier vermute ich, dass es für solche Turniere schlicht zu wenig Anhänger von Gesellschaftsspielen gibt. Jedoch wäre es falsch zu sagen, dass arme Menschen in Schwarzafrika pauschal kein Interesse an Spielen haben. Ich denke viel mehr, dass der niedrige Lebenstandard sie dazu zwingt, Prioritäten zu setzen. Dass sie trotz der kleinen Spielkultur Interesse an Gesellschaftsspielen haben, zeigt das Beispiel der alten Generationen, welche, sobald sie die dazu Zeit haben, wieder vermehrt „Kalahara" spielen.

Alles in allem kann also gesagt werden, dass die Lebensumstände Auswirkungen auf das Spielverhalten von Menschen haben.

Quellenverzeichnis

Buchquellen von Malte Degener

Johan Huizinga. "Homo Ludens - Vom Urpsrung der Kultur im Spiel". Rowohlt
Taschenbuch Verlag, Herausgeber Burghard König. Veröffentlicht im Januar 1987

Dorothea Kühme, Bürger und Spiel: Gesellschaftsspiele im deutschen Bürgertum
zwischen 1750 und 1850. E-Book, Campus Verlag. Veröffentlicht 2011

Internetquellen von Malte Degener

http://www.emabonn.de/ludi.htm#schraege
(Zugriff am 14.11.2012)
http://www.fsk.de/index.asp?SeitID=2061&TID=469&Suchbegriff0=Batman&AnzahlSu
chworte=1
(Zugriff am 14.11.2012)
http://www.usk.de/titelsuche/titelsuche/?tx_uskdb_list%5Baction%5D=search&tx_uskd
b_list%5Bcontroller%5D=Title&cHash=c88f86b2b231b3fbf76fa8f7c3e3b73d
(Zugriff am 14.11.2012)
http://www.klassischearchaeologie.phil.uni-erlangen.de/realia/spiele/spiele2.html
(Zugriff am 14.11.2012)
http://www.labbe.de/zzzebra/index.asp?themaid=269&titelid=1848
(Zugriff am 14.11.2012)
http://www.hhg-mettmann.de/latein/kolosseum/Gladiatoren/Kampfarten.html

(Zugriff am 14.11.2012)

http://www.gymnasium-gernsheim.de/faecher/informatik/sj0910/roemischesreich/gladia
torenkaempfe.html

(Zugriff am 14.11.2012)

http://www.fundus.org/pdf.asp?ID=11650

(Zugriff am 14.11.2012)

http://www.planet-wissen.de/alltag_gesundheit/krankheiten/spielsucht/index.jsp

(Zugriff am 14.11.2012)

http://www.leben-im-mittelalter.net/alltag-im-mittelalter/freizeit/spiele/brettspiele.html

(Zugriff am 14.11.2012)

http://www.gamblingplanet.eu/de/nachrichten/mittelalter-gluecksspiele

(Zugriff am 14.11.2012)

http://www.casinospielen.de/casino-geschichte-551.shtml

(Zugriff am 14.11.2012)

http://www.pressetext.com/news/20111209014

(Zugriff am 14.11.2012)

Internetquellen von Marco Lehmann

http://de.wikipedia.org/wiki/Kategorie:Spieleverlag_(Deutschland)

(Zugriff am 14.11.2012)

http://de.wikipedia.org/wiki/Ravensburger

(Zugriff am 14.11.2012)

http://de.wikipedia.org/wiki/Spieleautor).

(Zugriff am 14.11.2012)

http://www.fplusd.org/kultur-und-alltagsleben/sport-lebensart-und-reisen/spielstrasse-di
e-kauf-ich-die-beliebtheit-von-gesellschaftsspielen-ist-kein-kind-des-zufalls/

(Zugriff am 14.11.2012)

http://www.kindergartenpaedagogik.de/1610.html

(Zugriff am 14.11.2012)

http://de.wikipedia.org/wiki/Deutsche_Mannschaftsmeisterschaft_im_Brettspiel

(Zugriff am 14.11.2012)

http://www.skg-forum.de/veroeffentlichungen/veroeffentlichung304.htm

(Zugriff am 14.11.2012)

http://www.spiele-offensive.de/Forum/Brett-Spielekultur-in-anderen-Laendern-589-0.ht
ml (Zugriff am 14.11.2012)

http://www.weltinderschule.uni-bremen.de/kamerun2.htm

(Zugriff am 14.11.2012)

http://mineau67.blog.de/2012/11/11/afrikanische-gesellschafsspiele-allgemeine-gesell
schaft-15191838/

(Zugriff am 14.11.2012)

BEI GRIN MACHT SICH IHR WISSEN BEZAHLT

- Wir veröffentlichen Ihre Hausarbeit, Bachelor- und Masterarbeit

- Ihr eigenes eBook und Buch - weltweit in allen wichtigen Shops

- Verdienen Sie an jedem Verkauf

Jetzt bei www.GRIN.com hochladen und kostenlos publizieren